试图表达

央央 著

廣東旅游出版社
GUANGDONG TRAVEL & TOURISM PRESS
悦读书·悦旅行·悦享人生
中国·广州

图书在版编目（CIP）数据

试图表达 / 央央著 . — 广州：广东旅游出版社，2022.8
ISBN 978-7-5570-2803-9

Ⅰ . ①试… Ⅱ . ①央… Ⅲ . ①诗集 – 中国 – 当代 Ⅳ . ① I227

中国版本图书馆 CIP 数据核字（2022）第 120140 号

出 版 人： 刘志松
责任编辑： 陈 吉
装帧设计： 黄平星
责任校对： 李瑞苑
责任技编： 冼志良

试图表达
Shitu Biaoda

出版发行 广东旅游出版社
地　　址 广州市荔湾区沙面北街 71 号首、二层
邮政编码 510130
电　　话 020-87347732（总编室） 020-87348887（销售热线）
投稿邮箱 2026542779@qq.com
印　　刷 广州市岭美文化科技有限公司
地　　址 广州市荔湾区花地大道南海南工商贸易区 A 幢
（电话：020-81519078）
开　　本 889 毫米 × 1194 毫米 1/32
字　　数 126 千字
印　　张 5
版　　次 2022 年 8 月第 1 版
印　　次 2022 年 8 月第 1 次
定　　价 38.00 元

乌兹别克斯坦　2015

古巴　2016

冰岛　2017

南极　2018

印度　2019

北海道　2019

序 | 费勇

诗和远方。远方不一定是诗，相反，是恶意，是炮弹撕裂天空；甚至，远方的信息，是末日的信息。战争爆发的那一天，中午偶遇一个朋友，他忧心忡忡，问我世界会不会毁灭。我说也许吧。有生必有灭，即使没有战争，也会有毁灭的一刻吧。有什么是永恒的呢？他迟疑地看着我，沉默，然后请我走进旁边的咖啡馆，喝最贵的手冲咖啡，我看他喝咖啡的表情，是贪婪，对于咖啡气味的贪婪，好像这种味道能够留住时间，能够把我们带到安全的地带。

咖啡的味道慢慢弥漫。新闻里的战争，微信上的战争，微博上的战争也在弥漫。在弥漫里继续。诗歌，也在继续。诗歌是语言的魔法，让恶意消失，让末日走开，把我们从爆裂的时间里，带进宁静和永恒。

央央的诗里，末日到来之前，和一个隐匿的“你”，去南极沙漠的树荫下，喝一杯装满晚霞的白兰地，去白令海底，观测嵌进珊瑚的八大行星。然后，现世不再，一切安静，“你”“我”踏进奇点，永恒成为可能：在物理空间里告别，在虚无里重逢。

诗的写作，成为一种生命的重构，一种自我治愈。

诗是语言的韵律，犹如歌唱，让情绪成为一种旋律。当肉身无路可逃，旋律却能穿过一切的障碍，一切都是出口，一切的出口都是一种释放。在释放里，一切的情绪变得轻盈，快乐和悲伤也成为同一件事。

但是，央央的诗里，诗不仅仅是语言的吟唱、旋律的抒发、情绪的释放，更是一种逆转，一种惯性的突然切断，紧接着是自我探寻、自我质疑。当“我”找到释放的出口，却进入了一种关系，在这种关系里，“我”笑的样子在别人眼里是一种美：最美的笑的样子，来自“捆绑”“试探”“台词”，来自“捂住望向深渊的面孔，抽掉薄如蝉翼的灵魂”。

这个笑得最美的人，是谁呢？

诗即怀疑，在怀疑里觉醒。

格特鲁德·斯坦因（Gertrude Stein）一度想摒弃名词，她以为“名词是事物的名称，一件事物有了名称之后还有什么可写的。一个名称要么恰当要么不恰当。如果它恰当为什么还要继续称呼它，如果它不恰当，用这个名称称呼它就没有好处。……事物一旦有了名字就不再继续与事物发生任何关系，因此为什么要用名词写作？”但在后来的写作实践中，格特鲁德·斯泰因发现名词可以摆脱自身的封闭性和限定性，具备更多的“可能性成为其他什么”。

央央的诗里，即使是抽象名词，也能摆脱封闭性和限定性，延伸出更多的可能性。“自洽”“矛盾”“可能”“存在”“合理”这样一些词语，以并置的肯定句将这些词语构成一个循环，在循环里完成突围。

诗即突围，从名词，以及其他词语的藩篱中突围。

央央的诗，用“肉身和这个世界博弈”，在博弈中寻找一个“你”。这个“你”，具象而抽象，可能是所爱的对象，可能是无法靠拢的影像，可能外在于自己的世界，可能是不可知，也可能是另一个“自我”，更可能是赋予了自己身份的那一个——“只有看见我 / 才会叫妈妈”。央央的诗，好像总是努力着，透过“你”，来摸索、把握自己的形象。

存在始终有一道鸿沟：“我”与“你”，或“我”与“他”，也许是外在之外，也许是存在的一体两面，也许是自我的不同版本，流落在世间的各个角落。是影子与影子的关系。抱紧“我”的影子，或者照亮“他”的影子。我们能够触摸的，只是影子。

要抵达那个“你”，需要漫长的旅行和阅读，“也许我这样处心积虑才配遇见你”。但等了太久，仍然没有等来“你”，而“雨”淹没了“我们”。

诗即寻找，诗即发现。在寻找中弥合差异，在发现中保持差异。

诗即谈判，和自己，和世界。

目录

夜半

鸡鸣

平旦

日出

食时

隅中

夜半

谎言铺垫

如果我说
我的诗不是写出来的
是从我身上的疮口流淌出来的
你信不信
如果我说
我不是能言善辩的双子座
是面对自己难以自洽的焦虑人群
你信不信
如果我说
我的身体不是血肉之躯
是用来过滤时间的不明载体
你信不信
如果我说
这些排比句不是真的
是我精心编造的盛情谎言
你信不信

达拉木马去海边

碎风中篡改历史
将一匹匹粉饰成不同颜色的达拉木马
寄向大海
清晨收复露水
海滩草卷鸥飞
姑娘小心翼翼地端着海浪
想淹没你失重的疲惫
工匠用轻薄的盐分去腌渍那个童话结尾
这是被合成的幻象
却不忍将真相再洗劫一遍
那个牵着褪色的木马在海边游荡的孤魂
迈出的每一步都靠近了死亡
海沙挣脱了深重的海水
开始往渐熄的黄昏沉睡

街巷疫情

街巷已是奄奄一息的模样
毫无保留的电线
在空中纵横交错
凝思既然这样不如停止供养
陈列满灰尘的卷闸门闭口不谈
关于贴在身上的门面转让
是如何嚣张跋扈
玻璃门挂上了一把把
明目张胆的安全锁
锁上　人家的确就懂了
从脸上摘下口罩的人
口罩还贴在他们心头
病毒真是个奇特的物种
让人类主动将这个世界拱手让出

认真与当真

当我说我认真的时候
你不必惊慌失措
我只是投入了
那些虚无缥缈的时刻
可如果说我当真的时候
你要小心
因为我已然坠落
但请不要将我打捞

伦敦最后一晚

威斯敏斯特宫钟塔
眺览可及的伦敦桥
日料店的蔬菜煎饺
并不需要知道
这些元素组成了有人在伦敦的
最后一晚
绕着泰晤士河散步
当对大本钟的致敬
总得有座建筑来守候城市的长夜
伦敦大桥在歌声中随时倾塌
无意唱衰
只想旋律流传
数据组成的相片在风尘中模糊
离开的原因也成为化石那般坚固
记不清伦敦桥的模样
伦敦也随着沉入泰晤士河底

特意拜访

将你的名字含在嘴里
嚼了又嚼
吐不出来也咽不下去
害怕只要呼唤你
心就会分崩离析
去了最后道别的那家小咖啡厅
看了场我们想看却未看的话剧
才历尽千帆到你的新家探望你
在这片荒芜之地反复寻觅
失去了姓名
门口摆了照片和水晶钢琴
你看着我笑
笑得就好似那株烟花
凄美
凋零
我站在你门前默默祈祷
愿你此生爱过也被爱过
来世如黎明时朦亮
对生活依然充盈着渴望

餐桌上的我们

开枪受伤的是你还是我自己
我们在这个
被食物堆砌的战场上剑拔弩张
就似谁先拿起筷子　谁就算投降
踩在被你拖了一遍又一遍的地板上
我像被点燃的火箭蓄势待发
明明能源枯竭却还想升天
归根究底这种肆无忌惮的底气
还是你从前掏心掏肺给我的
想要糖果给我蜜罐
想要唱碟给我音响
这份透彻的偏爱
着实已将我宠坏
我最终放下了武器
因为知道这场战役无人能赢
现在只想拿起被你洗得斑驳的筷子
重吃一遍你准备了五个小时的饭菜
这次就算我先举的白旗
也不想让米饭难堪

共眠未眠

与你共眠的每个夜晚
我都没企图合拢双眼
总是担心你才酝酿出来的梦境
就被我一个翻身
打碎
很多时候我就只是
看着你熟睡的脸庞
这被一勺勺辅食和牛奶
组合的胶原蛋白
拢成的绵延山脉
我常忍不住在上面戳个
到此游览
往往动静太大
总将你梦境打翻
于是
哭声成了每个黑夜的常驻嘉宾
由我亲自请来

偶然的诗意

是什么时候开始
对月亮充满期待的
从超市拎着装满蔬菜的
塑料袋的时候
从驾驶位透过弧形的玻璃
扭动脖子的时候
还有很多这样碎成纸屑的时刻
比如
当我对一天略感消颓的时候
并没有去刻意约请过它
但它总是会以巧合的姿态出现
映入我眼帘
让我身体咯噔一下
预感有诗发生
那一刻我就蓦地澄亮起来

夏日河道

藏于丛林间的河
平坦得像一条未使用过的白绫
从古老的石桥下穿过
目光所视之处没有尽头
水路相接的礁石是河道的倾听者
为了听这万物共生的喃喃自语
不知荒凉了多少年头
一场人为制造的噼啪节奏
在高温里传播
加入了这番合奏
听着听着
我须臾间竟忘了今天此行的目的
去寻找大自然里的三样橙色
大自然总是不会让人失望
第一样橙
是俯卧在桑叶上的瓢虫
背上的黑色斑点
是为了生存伪造的版图
另一样橙
是长在槁木年轮上的野菌

正光彩溢目地炫耀自己的毒
走了许久
我仍没找到第三样橙
你说再等两个时辰
第三样橙不在草木里
在天地间

鸡鸣

久等

等了太久
没等来你
却等来了雨
雨丝毫不留余地
打湿了氧气
冲垮了时间
淹没了我们

水中飞行

背负太多声音
以至于忘了如何飞行
卸下面具合上双臂
同水母一样潜入水里
去失聪去失重
忘掉心肺功能
粉碎万有引力
用鼻子吹出泡泡
用双脚踩出花苞
把饥渴太久的肢体喂饱
任其长出皱纹
我已做好准备在水里生存
在拥有浮力的液体里创造奇迹
你我本就应该待在这里
我想这大约是在飞行

醉

星期六的夜晚
我决定在爵士音乐会上喝醉
醉到萨克斯吹响了动人旋律
吹到唱歌的男人变成了猩猩
音符也跳进我琥珀色的威士忌里
使我逐渐轻盈
踢掉勃艮第红的高跟鞋
甩开头皮上的海螺发髻
开始光着脚在乐器上舞蹈
黑白键是我的趾尖
鼓面是我的肚皮
乐队都在为我演奏
观众都是因我而来
至少现在
我还是那个
不愿醒来的女孩

印度里

五点十分的恒河里
一夜未眠的人就着晨光沐浴
离他三百七十米处漂着一具
等待超度的尸体
他们失去了昨天今天和明天
只能用生命来奉献给神明
光着脚的孩子在河边跑来跑去
唱颂着那些自己也不懂的歌曲
花灯在恒河向天际飘去
这座城已无需制造神秘
苦行僧衣衫褴褛
用肉体在和这个世界博弈
可我竟然在这满目疮痍的印度里
看到了熠熠生辉的神性

对等情绪

悲伤和快乐是同一件事情
身体的荷尔蒙已无法分清
在情绪的边界线上
终于找到释放的出口
有人却反复
试探你
捆绑你
将你的台词整理成诗集
捂住你望向深渊的面孔
抽掉你薄如蝉翼的灵魂
然后告诉众人
你笑的样子最美

占有欲

仙人掌是沙漠的
叉子是意大利面的
唇印是玻璃杯的
海王星是银河系的
你
是我一个人的

六生十日

将你的荣誉和勋章翻出来搅拌
重新塑造你舞台后的模样
在颠簸的岁月里黯淡
却仍在掌心发光
他们说你是颗闪光的螺丝钉
在我生命却是撬动宇宙的梅花起
暂且就把我当作
光的延续
明的启迪
染发的频次开始如你叙述往事
那般密集
皮肤也开始生长成丘陵
你说以后要在里面种满花和果树
让我时常记得要来施肥翻土
在六十岁生日这天
快乐未必永垂不朽
但姓名终于完整地
属于你自己

表达

如果想和某个人
表示亲密
就不能用嘴亲吻他所有领地
要用耳朵亲吻他的耳朵
鼻子亲吻他的鼻子
指尖亲吻他的指尖
身体亲吻他的身体
你们这样才算
真的融为一体

无处可栖

独自在小区里转悠
厌倦这五彩斑斓的生活
打算就此粉刷成黑白色
先饮尽这发臭的人工湖水
看它还在假装清高
就抿住了嘴唇
颤颤巍巍走向楼顶
打算无绳蹦极
见这楼道努力挤出的伪善绿光
便收回了双腿
差点儿勇气
只能躺平在长椅仰人鼻息
突然望见倒立的琼楼玉宇
看来俯视人间也无处可栖

扫雷游戏

倘若不是在梦中偶遇你
已忘记对你还善存忧喜
触手可及的鼻尖
沉静均匀的呼吸
都是当初选择的原因之一
在这仅有的方寸之地
我们距离随着温度的转变
缱绻或疏离
我们姿态随着心情的蜕变
蛇形或平行
偶尔也玩扫雷的游戏
这颗雷爆炸后就会凝结空气
你我中间便屹立着一座冰川
看得见顶
却深不见底

平旦

发现

诗意漫步在郊野田间
也流浪在钢筋水泥里
在夹缝里躲藏
等一个人将它找到
领它回家

困于梦境

做梦
可遇不可求的事
借用睡眠体验
一遍又一遍的死亡
在人间的修罗场里徘徊
见着死去的人
见着想见不能见的人
见着非现实生活中的人
听说人死后
会成为别人梦境里
失去面庞的陌生人
被困在一个个梦魇里
打破它才能重生
黑夜再次降临
侵袭了我只剩下白色的眼睛
如果此时我无法坠入梦境
埃及法老的蜣螂
就会来啃噬我的身体
而我也将被困在梦里
被黑夜用来招待你

处心积虑

等旅行拼接了我长如山脉的四肢
等书籍填满了我深若悬崖的骨隙
既然无意中跌入这晃荡的尘世间
就要在这尘世游历万城阅览众书
瞧瞧道路是如何将城市勾勒成画
见见河流们以哪种方式汇入大海
读读小说里的主角为何难舍难离
看看诗人眼尾里潜藏的动人俳句
或许我这样处心积虑才配遇见你

臆想中的爱情

情人节的街
车辆垂头丧气地游荡在路上
稀稀落落
路面的白色箭头
是丘比特没射中的箭
指向哪里
哪里就有凋零的爱人和玫瑰
有人在今天宣告开始
有人从今天延续孤独
一个个谎言编织了一个个节日
牵起的掌心里装着还未瓦解的憧憬
舌尖里还残留着蕴藏多巴胺的液体
用仪式来作为注脚
将情话来包装礼物
晶莹剔透在今天枯萎
在枯萎里有人最终获得了
臆想中的爱情

低卡晚餐

山丘把云拱到了天上
却用一座电塔强行植入
作为标注
五分钟前它是法官戴着假发的侧颜
正在审判敷衍了事生活的人
五分钟后它成了罗丹的思想者
沉思着人类究竟为何如此劳碌
我趴在泳池旁透过落地窗
用目光打量了一番
这不该在豪华酒店周边藏匿的景色
只觉得今天的云看起来鲜嫩多汁
深吸了一口气
忍不住把它们吸进了胃里
当作游泳之后摄入的卡路里

意外收获

昨夜的闪电留在空中与云缱绻
不愿离去
众目睽睽之下给这朵云
镶嵌了一道耀眼的金边
无所顾忌
有水域隔开了城市和森林
我不知道称它为江还是河
我拉着这条栈道走了许久
你从弥漫的草坪里找来了野蘑菇
和萎靡的海螺
说可以当作今日的晚餐
可我却在想
它们就不该出现在这个地方

傲娇的玉米

被梦境牵绊了整夜
从床上爬起
困倦仍然无法停歇
开始剥前天从菜市买来的玉米
面对每根玉米
开始我总期许是甜的
颗粒饱满和完整的
可当我一层层将它外叶往下剥去
我只求是可食用的
今天的玉米有带给我惊喜
它新鲜得就像一个舞女
立在我斑驳的大理石桌面上
穿上得体的蛋糕裙
留着未经修饰的发须
我已记不清剥了多少层
才看到凹凸不平的胴体
索性蛮横地掰掉尾蒂扔进烤箱
任其在高温里独自反省
随手选了包挂耳曼特宁冲泡
等它从烤箱里出来
黯然失色

无所畏惧

他为你披荆斩棘
他装作铜墙铁壁
你延续了他的
善良
固执
以及坏脾气
他习惯用他的方式来表达爱
尖锐的
厚重的
只是甚少是温情的
或许只要他还在
你就能对这个世界
无所畏惧

长廊尽头

长廊把青春拉得很长
在这头看不见那头的光
黑暗的缝隙里
我们像盲人一样前进
有人说只要走出长廊
就能摸到光
没人说光的尽头
仍是长廊

箱里人

人潮逐渐散去
霓虹灯终于熄灭
列车加速冲进了黑夜
这座城市即将休眠
被困在箱子里回忆往事的人
走不出来
也不想出来
月光是这个夜晚仅有的光亮
如果它消失了
这个夜晚将不再醒来

日出

不止于吻

这世界愈发地油腻
可还有人执拗地去捍卫
被千万人踩过的真理
眼旁的细纹
是藏有星辰的沟壑
却挡不住你新月般的眼眸
有没有人告诉你
看你笑就想吻你
我相信就算你就在此刻老去
仍对这个世界
有说不的勇气

怕

清迈的庙宇长廊是你
爱丁堡的残垣断壁是你
都柏林的河道堤岸是你
因为你
黄昏爱尔兰的警局都有了意义
或许你从未想过
从这锈迹斑斑的轨道里离去
我也在河的对岸
望向你
看你身披铠甲脚踩祥云
也曾在夜里痛哭流涕
我怕你困于回忆
我怕你我被时间冲离
我怕无法在轨道的尽头
和你靠墙对酌
看这华灯如昼

夜色沙丘

绑着头巾的姑娘
在沙漠里踽踽独行
陪伴她的
还有那不知疲倦的骆驼
不忍心掏出镜头捕捉日落
于是日落掉进了她棕色的瞳孔里
黄沙停止了漫天飞舞
在夜幕降临之前
归于沉寂
归于大地
沙丘上没有等爱的狐狸
就像我们从不在沙漠期盼黎明
原来月色下的沙漠真的是石榴色的
就像那个夏日下的你

她

她将自己置身于海浪里
享受被螃蟹追逐
贪恋被鲨鱼亲吻
沉迷被珊瑚点缀
狂风骤雨席卷时
她不屑一顾
潜水员施救时
她觉得满是嫉妒
于是
一点一点往深海里坠入
直到万劫不复

疤痕月体

光是太阳赐予的
伤疤是坠落的星体留下的
创痕幻化成海
这片海容不下一滴眼泪
因为要燃烧
烧成球烧成钵烧成镰刀
为了给黑夜烫出避难的山洞
给海水带来无法躲藏的潮汐
生为天体的空虚
无法被银河治愈
皎洁的清冷的漠然的你
成了神话恒久的栖息地
也具有逃离绝望的精神属性
你在夜空凝视我
我在人间追逐你
即使这样
你仍离这颗蓝色眼睛渐渐远去
最终消失在我的心里

选择性连接

用尽半生去抗拒
可亲密感却步步紧逼
让我猝不及防
终接受你蓄了两年半的胡须
脖颈粘住了连衣裙
耳尖也向皮肤靠近
豆沙色的肉爪却不愿臣服于我
探索
撩拨
去共情
爪上的空间是所剩不多的自由
是你暮色中的武器
独行的借口
如果想跟我靠在一起
请让我抚摸你
也请你别再
放浪不羁

匹诺曹的自白

我来自森林
也可以说来自孤寂
生命对我来说就是场无奈的奇遇
诚实
慷慨
还要勇敢
对人类来说都难以践行
却让我拥有这些品质
才配获得血肉之躯
担心被责骂
谎称被绑架
想去游乐场
鼻子却变长
听不进劝告
在树上吊死
是胆怯是贪玩是固执
不想直面真相的游戏
便将我包装成精巧的玩具
好献祭给濒临灭绝的人性
可我终究只是木偶
就只能被童话操纵

都市寻宝图

那嘶吼已超出光的传播速度
伴随着滚滚烟尘在空气里踱步
打破了守望者的秩序
用歇斯底里发出抗议
被迫徒步在人行道的所有物种
即将被这应该驱逐的声音瓦解
而这音波仍义无反顾冲进耳廓
此起彼伏
装置成了城市的轮毂
推着它不得已向前奔赴
宁静是水泥里封印的宝藏
强盗不屑一顾
探险者为此驻足
他抽出宝剑翻开地图
宝藏就在那寻找的路途

黑色

是消息发出前自动关机的手机屏幕
是在倒数三个月化疗时掉落的头发
是无政府主义者们高高举起的旗帜
是太阳从宇宙消失后的第一个夜晚
是探见了悬崖最深处合不拢的双眸
是把人性毁灭后左胸腔器官的颜色
是死去了十四个小时的人身上的布
是绝望的修女穿了三年五载的衣服
是哭泣的孩子放弃做梦最后的笔触

有机液体

终于承认这是一场蓄谋已久的雨
没有标点符号和修辞手法的雨
雷声将雨液抽进了针管
注射进了亟待被解救的躯体
被逼出来的蘑菇
并不想去点缀大地
天空不屑于去粉饰太平
一群群搁浅向水域献出生命的鱼
没想过再回到海里
雨终究是属于窗外的
只要我不打开自己
无论如何也流不进我眼里
想到这些
我竟然感到些许安心

食时

松柏的向往

此刻已无需灯串彩球的点缀
即使过了二十五
它仍然是一棵树
亦不需要音乐和季节的烘托
使其因为节日才能获得称呼
它有属于自己的名字
朴素的
委婉的
饥寒交迫无法歪曲它的肌肉
燋金烁石不能熔断它的风骨
如果说有些向往
就是对光的祈盼
只要还善存光
纵使物种消亡
亦不负此生守望

耶加雪菲

尝过千百人给的苦
才从千百种苦里得到一种甜
这甜里藏着柑橘榛子和雨后青苔
它们无所顾忌地在我口腔里徜徉
而我也不争气地
上瘾了
用金属将它揉碎
揉成陨落的星体跌入黑洞
迷醉气体宛若丝绒包裹住我
原来棕色是千万种颜色
原来苦味亦有一百万种
它在沸水中不留余地地坠落
成了一天里的冥想时刻
从土地流向肉体
是为了拯救脆弱的人群
消散殆尽的荷尔蒙

理想主义自证

试图去证明
两条平行线总有相交点
试图去证明
月球的引力不会影响潮汐
试图去证明
爱情没有保质期
用被击溃的固执里
最后残留的偏执
去捍卫那片极净之地
这里没有颜色
没有审判
只有从意识深处溢出来的倒影
照见了被荆棘缠绕住的自己
我们用直觉去做平等交易
我们笃信万物皆有性灵
我们去给虚无找寻意义
用此生的孤寂来证明
与喧扰保持距离
并非放弃抗议

通往秋的路

今年秋天的启动仪式
是喝着椰子冷萃散步
沿着河堤
穿梭在熙熙攘攘的人群里
过那座叫步月的桥
想那个在远方的人
嗅一嗅在高温里腐化了的微生物
找一找在大街小巷模糊了的季节
稻田是村庄的
远去了
岛屿是河心的
驻足了
节气是属于日历上的
正在翩翩起舞着
河水恢复平静
草木逐渐疏零
耳边萦绕着
秋天平平仄仄的语调
才确信它着实越来越近
忍不住去寻觅

探寻它的踪迹
又终将归往哪里
在空气里
在尘埃里
在光里
往复于岁月的转角处
只是路过

无效证据

骨瓷堆砌的杯壁里残留了一圈
凝结了十九个小时的咖啡渍
就像它脖颈留下的痕迹不想洗去
于是敷衍了事过了三个季节
在夏天降临的时候
它忍不住洗了个澡
可这痕迹落在皮肤的陷阱里
刷不掉
拔不出
割不去
索性就让其留在那里
在白日隐匿
每当夜幕降临就在胸口驰骋
这痕迹烧得越来越烈
在躯体上烙满它的丰功伟绩
让它功成名遂后
也不得已全身而退

忠诚的烟蒂

用一池的水来熄灭
已经熄灭的烟头
所有的鱼都被作为呈堂证供
池水因为鱼的离开
开始褪色
或许这水就不配拥有颜色
和它褪色的泳衣一样
来游泳
就为了洗去充满罪恶的污垢
鱼是以前的人不小心掉落的
以为藏在池里
就可以和水同样清澈见底
而作为一枚忠诚的烟蒂
在哪里溺水
就在哪里沉沦

杂

桥的中轴线上
是最接近月亮的地方
铁栏杆和木阶梯上爬满了人
让我想到一群蚂蚁
围绕着死去的蚯蚓
那类似的欲望
面无表情却暗藏汹涌
高低错落的楼宇
将魂魄投射在河面上
随风荡漾
好不容易吹散了
又汇聚在一起
从桥头走到桥尾
抬头全都是人
低头全都是渣
于是我只能望向在河面
吹散又聚拢的桥影

午后剧场

在困顿的午后
恍惚间时钟转了三圈半
光从白色过渡成了灰橘色
房间是个黑匣子剧场
只剩下窗
竭力从外借了一抹光
透过沉默的白纱帘
点燃这方空间
照亮从夏日低温里苏醒的人
这抹不经意浸润的光
是村上的午夜汽笛
是深海里进化的鳃
是烟花散场后握住的掌纹
是青春期始终在等的出口

热恋的河马

霓虹灯把光映染在
右边的月亮上
月亮变成了彩色
两头热恋中的河马
俯卧在彩色的野草里撒欢儿
其中一头用嘴衔着月亮
想要喂给另一头吞下
告诉对方心脏就和月亮形状同样
猎人曾经提醒它
停下才能捕获月亮
另一头河马逃走
形色仓皇
在婆娑的树影里找寻丢失的氧气
它始终不敢承认
想要的只是那片庄稼

倦兽

跳丝的紫色旗袍
开衩到大腿根部
及腰的长发猜不到
营养欠缺还是褪色
脱下高跟换上平拖
打开箱子拿出精油
这套程序行云流水
娴熟得像是修炼已久的高僧
她叫我不必羞涩
顺势坐我腿上往肩胛骨里浇油
在我背上运筹帷幄
好似在驯服一匹
厌倦森林的野兽
大多躺在这里的人
是心甘情愿被驯服
去打通这任督二脉的
这样再次奔赴森林
才可所向皆靡

隅中

雪夜纸船

听说有些人在今夜
等预言里那场暴雪
我们是该对冬天有个交代
等来一个在远方的人
卷来了催眠曲
和些许纷纷扰扰的雪
明早的城市会不会被覆没
无处遁形的飞鸟留下的脚印是否还在
踏雪而来的人能不能再来
大雪倾覆时间却没有告诉你
有个人上船就会有个人溺亡
折成纸船
重新飘荡

我的船长

我爱的人是一位船长
他在清晨为我打猎
黄昏为我捕鱼
夜晚将我的影子紧紧抱住的人
他走的那天
忘了告诉他
我是会为他清晨拿出猎枪
黄昏收起渔网
夜晚点一盏灯照亮他影子的人

恒温柜里的生活

生活严丝合缝地保存在恒温柜里
被展览
湿度偏离就长出危险的霉菌
温度失衡就会陈化过度
可夜晚不该总是如恒温的生活
平展铺开
应当给它在凌晨制造褶皱
在洞穴里点燃一小撮慌乱
睡眠用来烘托气氛
烛光燃尽多此一举
在今夜
将把你送进外太空
让躯体悬挂于真空的黑色之上
你却用颤抖的声音说
好像进入了一条小溪

成为

想成为穷困潦倒的诗人
想成为亡命天涯的小偷
想成为失去方向的船长
唯独不想成为
你眼中的别人

结构

不要深或浅地爱着
这种状态会有外侵物的介入
它的转化
必定带来些无法免除的微小锥痛
如果可以
我们试着用稀或者浓的方式爱着
只需在漫不经心间多增添一些
或稀释掉一点
便可以将它塑造成
我们期待过的结构

暮色中的念想

山间无月
唯有山脊线
它不断向前蔓延
没有终点
有人把星星撒向人间
每盏灯里都是你
我屏住了呼吸
等星星
也等你

滚烫而已

太阳沉入地平线
光晕还在
染上了我
等待一个从黄昏走来的人
光熔掉了他的轮廓
风吹散了他的面容
只剩下一颗滚烫的心
滚去了夏日的灼热
烫平了满是皱褶的我

找个理由

你问我对你的喜欢
从哪里来
我想的确是从我
细胞壁
细胞质
和细胞核里来的

起承转合的色彩

我不习惯赤裸裸的人
无论是赤裸裸的真诚
还是赤裸裸的虚伪
在外表上可以来点
起承转合的色彩
别是用几个字
就能彻底形容的陈词滥调
在语言上加些
前缀和修饰吧
最好不是只由主谓宾
构筑的乏味陈述句
能不能在行为上
再迂回辗转一点
模糊掉那彰明较著的动机
毕竟文明社会
还得着有衫衣

虔诚

宗教的前面挂满了国旗
那些流离失所的人
在这里找到了慰藉
他们深信只要虔诚地
跪拜
焚香
燃烛
就可以获得生而为人
应有的权利
在这座殿堂前
他们蜕去了皮囊
华丽的
又或是伤痕累累的
在这座神像前
他们告诉自己
人人是生而平等的

日中

观剧人

人性的底色是什么颜色
白色的还是黑色的
只是我不相信它是灰色
人性是什么质地
黏腻的还是粗糙的
只是我不相信它是平滑的
在戏剧开始前
失去双腿的人在轮椅上期待着
在戏里重过一次人生
我们仍麻木地坐在观众席
看着聚光灯下的大悲大喜
等待戏剧落幕
等待自己醒悟

有颗钻石

科学家说它是碳
经济学家说它是边际效益
宗教徒说它是信仰
诗人说它是爱情
是真亦是假
已无人在意
以永恒者的姿态来呼唤永恒
将被永恒吞噬
以毁灭者的姿态来制造毁灭
将被毁灭销熔
有人创造了规则
有人竭力摧毁规则
有人尝试去重建规则
它是什么
或许从不该被规则定义

窗

遮住了眼睛不去看
就以为我是瞎子
捂住了耳朵不去听
就以为我是聋子
直到有人从窗外拍了拍我
才小心翼翼松开了双手
耳蜗里听见了
水流树响鸟鸣
指缝中窥见了
浮云远山和你
从此以后便不愿离去
至今也想不明白
离不开的是这窗外的景
还是窗外的你

一月里的光

一月的最后一天
雪结束了在南方的旅程
召唤出傲娇的暖阳
它在夏天是毒瘤
冬日被视为珍宝
所有的修饰都是因为光的萦绕
光在低气温里变化多端
风情万种
变幻成光雾把你迷住
折射出光柱将你困住
在劫难逃的人
把自己葬在这片光里
才不算辜负

四季

春天过去了
我没遐想你
夏天过去了
我没痴想你
秋天过去了
我没怀想你
冬天过去了
我没妄想你
我发誓
今年我都没想起你

仍然

于江湖中遇见你
在山川间错过你
填满了江湖
铲平了山川
就以为能够
云浅风轻面对你
说了再见的人
还是不要再见
因为再见时
仍然想
拥有你

春日滥情

漫无目的躺在不想苏醒的床
心不在焉想着未曾结束的梦
聒噪的鸟鸣
从被前夜校对过阀门的玻璃窗
涌入耳朵
是我还没做好迎接春天的准备
它是博爱的
滥情的
骄纵的
在让万物播种开花这件事情上
从不吝啬
可毕竟风是柔暖的
水是澄澈的
我还是能穿连衣裙和针织衫的
万物仍皆可动情的
这样想着想着
于是我原谅了它

染指甲的女人

从排列有序的调色盘里
看见了平日视而不见的颜色
每种颜色都有自己的属性和定义
庄严地去对比它们的风味
用第六感和当下的时令
挑选一件即将嵌入肉体的珠宝
那一枚枚小而固执的贝壳
原来也可以被如此温柔以待
因吸附了光和大自然里的某种容貌
让那个平凡的女人
饱和度偏低却无处言说的生活
逐渐有了光泽

绿灯亮了

左转还是直行
这是个问题
被迫悬挂的红灯太长
长成不断膨胀的谜团
给我一种念头
一个空间
一份失去标准的答案
踩刹车还是挂空档
这也是个问题
制动器有自己的意志
我只是替它行使了
本该有的权利
写到这里
绿灯亮了

雨中人狂想曲

渫雨如雾
却唤醒了行走在尘世的形骸
因为雨开始有了归宿
我有意放缓车轮
去瞧瞧这洗净纷扰的雨
双闪灯犹如垂暮者的心脏
雨刮器还在做濒死的挣扎
疾电是控制欲极强的手臂
将这混沌世界划分了畛域
遏制住那些想长草的土地
城市被圈养太久
失去反抗的力气
被雨困住的不是人间
是放不过自己的人心

日映

找与藏

一个七岁的小女孩说
躲猫猫是可以改变人类进程的
在我手机毫无征兆藏起来之前
我是质疑的
直到四处搜寻它踪迹时
听觉　视觉　触觉
也重新被启动
听见管道的水声
此起彼伏的哀叹
欣赏到墙脚
产出不知多少时月的缝隙
那动人的走向
皮肤感知到空调口涌出的风
是粗粝且冷静的
还好另一个手机找到了它
躲藏在未开启的洗衣机里
我也在这几十分钟内
完成了内在的更新

热泪盈眶的侥幸

真侥幸还有那些
热泪盈眶的时刻
尽管是如此小心翼翼地活着
以至于让我想起
那天傍晚无处可去的一条狗
项圈已将它勒出一道道皱褶
在人潮里荒芜着却无处藏匿
向每位路过它的人让步　谄媚
却从不叫喊
或许只要旁人一声咳嗽
就足以将它撕裂
觅食　只为增加灵魂的密度
企图用厚重的灵魂
去撑开轻薄的世界

指物为马

你东歪西倒地
走向这个世界
走进一扇门里
走进一朵花里
走进一片水里
指着狗叫马
指着车叫马
指着书叫马
只有看见我
才会叫妈妈

存在的反应

拆开一首首执迷不悟的诗句
只想找出适可而止的辞藻将你譬喻
如果说你是风
会不会心生芥蒂
因为在这首诗里
你只是欲扬先抑的形容词
点缀了我枯竭的光阴
从我的每个毛孔里钻过去
伪装成氧气
只要我张开嘴就能尝到你
保持呼吸就能嗅出你
睁开眼睛就能看见你
无处不在我满是尘埃的行踪里
什么都没留下
却改变了一切

自导自演

离预约时间还差两个小时
决定沿着河堤顺流而下去散步
并在充满钝感的初秋里放空
去刻意制造某个记忆中的场景
腐朽的长椅将时间的节奏分割
背后是快进的街道
眼前是放缓的河流
只有我是静止的
在边界线上被无尽拉扯
无法融入任何一种节奏
眼睛装不进万物
此时只盛有虚无
我渴望被嵌入河底的水草蛊惑
我企图被三十年前的栏杆捕获
但每个没有活在当下的瞬间
都像是在自导自演

逻辑自洽

自洽即矛盾
矛盾即质疑
质疑即可能
可能即存在
存在即合理
合理即表达
表达即倾听
倾听即接纳
接纳即认可
认可即自洽

拯救右耳计划

海水灌进了右耳
任由手指如何搅拌
都赖在里面不肯出来
导致我暂时性失聪
像装进了整个宇宙
声音从左边流入银河
暂无出口
所有的情话与嘱咐
变成了靡靡之音
令我自惭形秽
我只能尝试猛烈摇晃头
试图引诱海水汇入河流
越是用力它越是桀骜
直至我用指尖彻底封锁出口
再松开时
一股暖流倾泻而出
放出了宇宙
也拯救了我的耳朵

悖论和距离

散落
是蒲公英的宿命
却义无反顾地持续生长
爱情
是婚姻里的悖论
被文学作品催生　发酵　酝酿
酿成这个时代蛊惑人心的蜃景
越靠近一步便消散得越快
享受蜃景带来的虚妄
就要保持敬畏之心
和恰当的距离
也愿意接受
它的形成来自海洋和雪原
光线和气温
你只是偶然经过的人
不必驻留

自已

当心里装满一个人的时候
是无法去洞悉生活的
因为所视之处都是此人
他是黑与白之间的灰色
他是无缝衔接里的缝隙
他是比较级里的最高级
我口若悬河
还故弄玄虚
只是想让每个没有我的日子
你都怅然若失
不能自已

羞愧的永恒

风起的时候
一切看起来都是刚好的样子
鸟群悬飞
起起落落
时密时疏
将羽毛故意丢弃在水面上
漂浮　旋转　告别
却永不沉迷于水
每当说出永恒我感到羞愧
因为不确信它是否存在
质疑迫使我站在时间的对立面
对秒针进行了审判
尝试拨动静止的时针
看看能否划出永恒的模样
刻意的追逐只听见瓦解的声音
不是空间亦不是终点
当秒针推动分针
分针推动时针运行时
此刻永恒诞生了

晡时

适度描述

如果我能准确地描述出为何爱着
就不会在这模糊的边界上来回踱步
把寥寥无几的忠诚奉献给冬天
钻木取火并去焚烧这一地的苍白
你不相信这世上会有爱存在
更不相信这世上会有人爱你
我觉得这不仅仅是懦弱
你掏空房间里的所有沙土
去填埋黄昏里最后一抹余光
还试图去驱赶太阳
我却心甘情愿走在这条
即将毁灭的路上
为你在这人间千疮百孔

自我惩罚

倒塌是玻璃杯碎裂的过程
世界在碎裂的程序里
被挤压成平面图形
欢声笑语被过滤成噪音直抵人心
却始终无法抵达
只能抵挡
蜷缩在四轮空间之上
是给自己最后的体谅
为渺小而存在的人类以身试毒
却无人分给我一粒解药
我被迫将自己捆绑在赤道中间
祈求四季不要停歇
这痛彻心扉的伟大
看似可歌可泣
却只能向荒诞主义一样
走向那个未被命名的终点
逐渐凋敝

溺水之人

握紧方向盘
从一片片迅速腐朽的灌木丛里穿过
横冲直撞地闯进你脚底丈量过的土地
手无寸铁
智者不入爱河
无视拐弯处这醒世恒言
出发前倒了杯威士忌向自己致敬
就像烧了三天三夜的篝火
连海水倒灌都无法将其扑灭
涉世未深的人才想赤脚踏进这条河
感受疼痛和刺骨的寒
假若我能控制火焰的温度和颜色
便不会像溺水的人那样慌张失措
而是屹立在水里高谈阔论
这所有的奋不顾身
只为帮你拼凑那支离破碎的憧憬
和多此一举的永恒
除此之外
我无能为力

武功秘籍

虚线与实线之间
是不被承认的界限
衷心地谢谢你们这
反复斟酌过的虚与委蛇
被雕刻成缠住我日夜的那条蛇
从身体里穿膛而过
横过掠过矗立过
比磨砺五百个夜晚的剑还锋利
使人一剑封喉
血溅四周
被流传于世的武功秘籍
通过自我折磨才可获取
历尽万难终得秘籍
六字箴言藏于前序
它说斩断方可自救

无关罪名

送出的那套诗集在记忆里中坠
被蒙上了一层吹不掉的灰
第几页的第几句记不清
蓝的前提条件是蓝色
似乎是这句
有你触摸过的证据
扉页上不适合留有姓名
必定有人会以此作为筹码
要挟我交出尚未开启的部分
有些回忆未经当事人允许
擅自打开就是犯罪
我并不想承担这份
无关乎我的罪名
销毁
便是唯一的出路

松果体相遇

那躺在地上不明死因的松鼠
昨晚的梦还在松果里被存留
有天它们会在松果体里相遇

凌晨梦游

凌晨四点我开始梦游
来到一个起雾的树林
每棵树上都缠满了我的头发
自从离开你后它就开始疯长
就像用尽了所有青春
为你编织的那条围巾
在今夜
我要将它紧紧裹住你赤裸的身体
好在今后怀念起我的瞬间
烫伤你每寸被我触摸过的肌肤
结痂成疤

等霜降后

最后一个句子收尾后
我笃信这场爱
是关于灵魂间的角逐
也是平白无故的生活里
必然的事故
肉体和物质在这场事故里
已无足轻重
我想我们是洁白的
我想我们应该是洁白的
但仍无法确定我的白和你的白
是否一样
用指印按住你将启未启的开头
慢一点再慢一点
等霜降来临之后
也不迟

颜色

酝酿了整整十年
才敢用羽毛般的词句
将这沉甸甸的第一次抛向你
是橄榄枝也是丛林乱石
却成了企图困住你的圆
不能撤回
只能抱歉
疫情过后
仍然想见
你要像第一次那样出现
在银杏还没染黄的秋天
我却在人潮中只看得见
有颜色的你

节能环保

夜幕降临
星星枯萎
没有任何呼吸可以割裂今夜
萤火虫极力发出最后的光
让所有的黑显得不再那样黑
偷窃
在午夜发生理所应当
用牙齿收割他人整夜的梦境
不留情面地占为己有
这或许不能称为偷窃
叫节能环保

日入

肺中造梦

肺里存了几十年的梦想
捂是捂不住的
终究是会扎根发芽
自己进行光合作用
二氧化碳和水都可将它灌溉成火
生长成可以燎原的模样
世间草木皆是燃料
只需要风
还差些风
那么等吧
在将这颗衰竭的肺焚烧
去照亮乌云密布的瞳孔之前
再说些肺腑之言
并从身体里彻底剔除

请用一直

如果你无法确信不朽
也不能笃定永久
却不得不在某个高光的时刻
去表达深重且隽永的爱意时
请用一直
譬如
我会一直爱你
向着同一个方向
存于同一处范围
保持同一种姿态
精准地爱着你

最后那句话

在世界末日到来前
如果可以　请去往南极沙漠
陪我坐在树荫下
喝杯装满晚霞的白兰地
在世界末日到来前
如果可以　请潜入白令海底
陪我观测嵌进珊瑚的八大行星
我们在物理空间告别　割裂
那就约定在元宇宙里重逢　再见
永恒在这里成为可能
就当作我们为数不多的秘密
抛弃空间
抛弃时间
抛弃现世意义所有的际遇
宇宙毁灭时世界将很安静
最后那句话请对我左耳说
然后我们一起踏进奇点

蓝的前提条件

蓝色
在成为颜色之前是蓝
存在于一尘不染的梦境里
藏匿于尼斯湖水怪的眼眸里
独立于所有骄纵的判断里
当你被作为形容词使用时
是对你的亵渎
在我这里
你只能成为名词
成为一种清醒的错误
因为
蓝的前提条件是蓝色

递进过程

等待了整整六天的周五深夜里
你又开始在我脑海里道四说三
左脑枪毙了
那两个跃跃欲试的你
右脑亲吻了
这一个正在消解的你
嘘
瞧这被忽视的神经体系
赋予我玩弄自己的权力
意识逐渐融化　滴落　凝结
灵魂开始苏醒　挣扎　创建
我不再是我
我成为了我

不难寻的南浔

半掩的雕花木窗
掩盖住半辈子的光阴
驻扎在藤椅上
停滞不前
青石板铺砌了无法用一个故事
概括横亘在四象八牛间的历史
用饮壶茶的时间来观测那棵柳树
绿叶滴落在水面
想用波澜去撼动那座上百年的石桥
千万人路过
无人在意那座光影灼灼的桥
走过只是为了去那头
不是去感受
在南浔并不难寻
摇晃中游行的乌篷船里
那理想生活的倒影

蚊子的宿命论

蚊子的影子在段落之间
翩翩起舞
端详自己如横撇同样重要
又制造过慌乱的刺
标点符号不是必需的
它影响了写作者的意图
和阅读者的情绪
虽然被误解是表达者的宿命
可我仍不愿以此作为命题
使无辜的蚊子葬送在
毫无归属感的散文里
尝试作为一个标点符号被生产
把书页合上
它将成为书签被存封
这便是它光荣且伟大的宿命

自我催眠

梦境在屋顶下不断滚动重复
我被遗弃的镜子分割成两部
深浅不一地陷在沙滩里
独行
也表里不一的修饰情绪
回忆
以为告别会是将石子投入湖底
钝响　涟漪
原来是漫天大雪里掉落的松针
轻淡　真切
就当你是远行
只是暂无归期
趁天亮前走吧
只能送你一株我尝过的草药
愿你百毒不侵

失恋代入感

从前
我总是推开屏幕走进你
看着那行仅三天可见
守着那条不再日出的灰色海平线
遗忘时间
你远行后
它成了刺入我骨髓扎偏的针
取不出来
拜访了中医西医
看了内科外科精神科
毫无作用
左心房总被车轮反复轧过
吸着氧气也仍在水里不断坠落
我可能病入膏肓了
已无药能医

裂口愈合的过程

水面褪色后
岩石被打磨成休止符号
落羽杉在湿腐的土里年复一年
向上攀登
被赋予成四季的颜色
风把所有的涟漪吹向了我
相对静止
只有那不知名的小雀
去觅食
去跳跃
去尝试低空飞行
我从朦胧的树荫下
走进了澄澈的阳光里
脱去让我终日困在冬季的棉袄
任光普照
光是一道神谕
愈合了我身上那微妙
且不易被发觉的裂口

黄昏

爱情的崇高证明

桥上匆匆走过的人
看不见桥下接吻的伴侣
或许　被湖心抱在一起的五棵树
挡住了视线
或许　也只是视而不见
吻是用来印证诺言的
别轻易戳进易腐朽的土地
把它作为缠绵悱恻的技艺
在点到为止和到此为止的中间
游离
漂浮
滚烫
直至能将彼此姓名的笔画顺序
倒背如流
这可以称为艺术
也是把心给对方使用过的
崇高证明

过客资格

想让你在我平淡无奇的岁月里
拥有一个头衔
邀请你进来
只是先看看
坐着喝杯咖啡
甚至都不用吃晚餐或是留宿
而你却只是站在屋外
张望
徘徊
不愿进来便离开了
连称为过客的资格
都始终没给我
其实我也只是想掠夺你生命
那无关紧要的一部分

庄稼里的路

暮色在村庄扩散
感染了在下午沸腾的麦穗
与沉寂前亮起的第一颗星
它们向走进黄昏的人表示歉意
点燃的草堆总是比夜
更晚熄灭
握紧它是烟
放开便成了雾
肆意飘向天际
因遗忘而破裂的瓦片也能铺成路
每被踏过一次
只是破碎得更多些
它仍然只是路的修辞手法
要不我们再往前走走吧
庄稼里也能走出条路
走到哪
算哪儿

试图表达

我需要一抔月光
它并不必须是白色
从脚底升起的花们
无所谓哪朵
只需将我抚慰
等待郁金香盛开
无法测量出它最精准的美
停留在哪一刻
未到极致便已衰败
促使我不断购置　培育
倾尽全力
却不知
它开始就只是试图表达
从没打算释放

反复彻底

要走进灯火通明的街巷
去抵御部分突袭的悲伤
将这灵魂
暂时抵押给昨夜
来赎回那
残破不堪的眷恋
反反复复
彻彻底底
不留余地

一个消息

午睡响起的电话铃
一般不会有好消息
可既然那是关于你
我也打算保持聆听
别去质疑时间的修复能力
如今也能保持匀速的呼吸
只用四个字的时间说出你
离开人间的消息

对等约定

让我们来约定
用最慢的邮递
写最深重的信
谁比约定速度
快一秒就算输
谁比约定重量
轻一克就退出

天堂与地狱的手续

逆流的人群里拨云见日
我已经所剩无几
踩踏着自己前行才能翻山越水
而山就在眼前
水就在手边
却无力再多迈一步
进入天堂和地狱是同样的手续
法院和监狱不是二元对立
因渴望被看见
便在建构的格式里自行瓦解
此时只需一点液体就能吞噬海沙
感受倾其所有的愉悦

春天在哪里

取一瓢柔春的风饮尽
用指尖插入沉眠已久的土地
喂养春天的肚脐
湖面已不甘静默成风景
它要在这不属于人间的季节里
纵情摇曳
荡出谜底
荡进眼眸
荡倒众生
倾圮的树桩枝叶仍旧挺阔
不舍隐退
用微弱的脉搏哼唱着
春天在哪里
在翕动的鼻翼里
在幕落前的余晖里
在稍纵即逝的指缝里
而你
藏于我饮尽的春色底

爆破之后

我们需要一场雨来见证
那部分被磨损的光阴
此刻的重庆是不是在下雨
而你会不会偶尔也被困在那里
常眠不醒
沉为灰烬
你不只是在雨天才被用来想起
砖瓦在建筑中萎缩
苔藓在山路间溃烂
我承认拥抱过水泥和森林
却来不及拥抱在雨季的你
爆破之后却沉默不语

入定

诗人和地理学家

这是第几次迈向悬崖峭壁
测量岩石和不朽间的距离
诗人想写信问问地理学家
听说珠峰已经
八千八百四十八点八六米
他们相隔三千四百九十六公里
他研究不透
亚欧板块和印度洋板块什么时候
再碰撞
她猜不透他是怀念还是想象
他说　可能即存在
她说　确定应释放
他说　科学的人文性
她说　诗意的偶然性
他们说着彼此并不在乎
是不是真理的定律
横亘在诗意与地质之间
隔段思绪
隔种时态
隔个注脚

等着菌群统一

等着量子纠缠

等着一起沉入大海里

有效祈祷

盛满谎言和权力的泳池
水只能选择溢出
温度骤降后
它是个悄无声息的器皿
将自己呈奉给被血浇灌过的大地
有人在心中庄严地祈祷
让停在夏天的那场雪覆盖它
成为那场被战役吞噬的童年
孩子们应得的滑冰场
让攒了八个春天的落叶填满它
当作无处可去的尸首
圣洁且光荣的焚埋场
枪声停了
因为他们的祈祷
这个世界开始光芒万丈

毛囊秘密

无所事事的时候别去凝视镜子
应该去面对一块劣迹斑驳的墙
它说
当我把秘密藏起来的时候
和别人并无两样
有人曾尝试凿壁取光
强行从缝隙中取走毛囊
重新植入无法被洞悉的石崖
生长出皱缩泛红的脉搏
聆听热浪在困局里翻涌
即将升华的关系被蒸发
姓名是小心翼翼的秘密
只是别对真相怀抱希冀

冬至的象征

在那天
无论远的还是近的
热的或是冷的人
都在说冬至快乐
为迎接你曾想了上百种姓名
精密仪器也无法预测你会这天降临
你不代表着泛泛之饺
也不体现尘土包裹下的璀璨文明
却是我人生昼短夜长的一天
从那道划破手术室的哭声开始
就祈祷你的生长八十岁都不要停止
如同我肚皮上那片蔓延的斑斓
是引导我们联结的指南
阵痛产生了
你便诞生了
而我在冬至这天
也成为一种新的象征

荒月里的荒唐

冬月十五的月亮
从树林最深的那片叶子里长出来
掉进了漩涡
渲染开初凉的冬夜
狗吠足以让池塘漂浮的鱼耳鸣
跌出梦境
蓼花选择在今夜挥别
那片茂盛苍老的芦苇
长着长着就高于我的眼隙
推开冬天的门闯进一处荒凉里
可荒凉里只剩下荒唐
并且漫无边际

午夜气球

氢气已逐渐稀薄
被重力拉扯强行置于中空
在晦涩难懂的夜里微弱地晃漾
呼吸灌满了房间
房间的人不介意还有明天
能否称之为悲悯疲惫
还能这样驻留几个夜晚
陪伴在睁眼等太阳的人窗前
就算点一盏烛光燃烧
也配不上最后的韵脚
月光藏于窗外
等把气球装满

火车便当

疾驰的列车蠕动前行
为完整嵌入
薄雾笼罩下的人群
盼望去涨潮的远方
等候回退潮的故乡
车厢拦截了
即将发生的爱情
桌上的那份便当
本就是速食快餐
加热不宜太长
食用不宜过量
只需暂别饥饿
就应放下离开

新年呓语

新年的第一天下了场
不会被淋湿的彩虹雨
用爆破来点燃星空
用瞬间来表达瞬间
把失眠的夜晚扫成一堆
像篝火那样点起燃尽
这样的荒凉只能亲自扛过
天空既白却仍不能抽离
盘旋而起的轨道磨牙声
节奏往大脑皮层里推进
迷惘的曼陀罗
被最后那声鸣笛碾碎
不复存在
风竭力克制着低吟
你问我在风声里听到了什么
胸口的闪电将我劈裂
白噪音里低垂不语
消亡中
被卷入另一场暴风雨

建筑休止音符

锤打和撞击欲盖弥彰
去遮掩住这座小城的疲钝不堪
工地被挖掘成远古时代的模样
所有无关乎人类的物质都是非法入侵
吊车的线是五线谱的一段章节
悬挂起构成现代化都市的
一百二十八分音符
似有可无
去种那些向下生长的
苹果和面包树
请别再为装点一面墙的功绩
而捏造一座建筑
我们需要休止符

最后一首诗

我愿意不再年轻
我愿意马上死去
但请留给我热泪和尽兴
诗人
在寒冽雪境不曾结冰
在枯荒墓地不曾凋零
最后一首诗句
是我的墓志铭